São Paulo

para *cães e gatos*

São Paulo

para cães e gatos

PANDA BOOKS

Ana Paula Corradini

Supervisão Editorial
Marcelo Duarte

Assistente Editorial
Daniela Padilha

Coordenação do Projeto
Miguel Icassatti

Capa
Guto Lacaz

Projeto Gráfico
Luciana Porto Alegre Steckel

Preparação
Ana Maria Barbosa

Revisão
Carmen Tereza S. da Costa
Ana Paula dos Santos

Dados Internacionais de Catalogação na Publicação (CIP)
(Câmara Brasileira do Livro, SP, Brasil)

Corradini, Ana Paula

São Paulo para cães e gatos / Ana Paula Corradini. -
- 1ª. ed. -- São Paulo: Editora Panda, 2004.

1. Animais – proteção – São Paulo (SP) 2. Pet shops – São Paulo (SP) I. Título

03-7467 CDD-636.08870981611

Índice para catálogo sistemático:
1. São Paulo : Cidade : Cães e Gatos : Serviços : Zootecnia 636.08870981611
2. São Paulo : Cidade : Serviços para cães e Gatos : Zootecnia 636.08870981611

2004

Rua Lisboa, 502 – 05413-000 – São Paulo / SP
Tel.: (11) 3088 8444 – Fax: (11) 3063 4998
edoriginal@pandabooks.com.br
www.pandabooks.com.br

Sumário

Apresentação 7

Capítulo I - Adestramento, criação e serviços 9
Adestramento 10
Aluguel de cães de guarda 11
Apresentação de cães adestrados 12
Cães guias para deficientes visuais 14
Cemitérios 15
Consultoria cinófila 16
Handlers 18
Microchipagem 19
Palestras educativas 19
Pedigree 20
Portão de segurança 21
Terapia assistida por animais 21

Capítulo II - Animais carentes e adoção 24
Assistência e orientação para animais abandonados 25
Registro Geral Animal 28

Capítulo III - Esportes e recreação 30
Acessórios 31
Brinquedos educativos 32
Modalidades esportivas 33
Passeio 37
Recreação 41

Capítulo IV - Gastronomia 42
Doces 43
Móveis 44
Pães e bolos 44
Ração 46
Snacks 46

Capítulo V - Higiene e beleza 50
Corte de orelhas 51
Dentes 51
Pêlos 52
Perfumes 55
Xixi 56

Capítulo VI - Saúde e terapias alternativas 59
Especialidades veterinárias 60
Hospitais veterinários 67
Inseminação artificial 70
Terapias alternativas 71

Capítulo VII - Mimos 75
Astrologia e numerologia 76
Book fotográfico 77
Livros 78
Ponto de encontro 79
Roupas e acessórios 80

Capítulo VIII - Férias 84
Creche 85
Documentação para viagem 85
Hotéis 86
Pet sitters 89
Transporte 90

A autora 91

Apresentação

Dois cachorros, duas gatas e um peixe podem parecer muito para uma casa só, mas a verdade é que não convivo com tantos animais quanto gostaria – acho que teria que me mudar para o zoológico ou coisa parecida. No entanto, ser apaixonada pela sinceridade desses bichinhos nem sempre significa saber o que fazer quando eles precisam de algum cuidado especial Quando encontrei Glória, minha vira-lata, atropelada na rua às 6 da manhã, demorei muito para achar um hospital veterinário 24 horas. E onde obter o tratamento com florais de Bach para Zulu, meu labrador, que andava meio jururu?

Ao fazer minha pesquisa sobre os serviços disponíveis para cachorros e gatos da cidade, não só encontrei as soluções para os problemas dos meus animais de estimação, mas acabei descobrindo opções que jamais pensei que existissem para *pets*. São panetones e ovos de páscoa, academia de musculação, aparelho para os dentes, consultas com a numeróloga, festinhas de aniversário e casamento... Outra boa notícia é que, ao mesmo tempo que o mercado de *pet shops* e medicina veterinária cresce, aumenta também o número de entidades e organizações dedicadas à proteção e doação de cães e gatos abandonados. É reconfortante pensar que, mesmo que existam tantos bichinhos sem lar por aí, alguém está fazendo algo por eles.

Mas, na verdade, depois de encontrar esses 116 endereços, o que mais me impressionou foi descobrir – com alívio – que não sou a única pessoa com mania de bichos! E espero que, após a leitura de **São Paulo para cães e gatos**, você também entre para o clube.

Ana Paula Corradini

Capítulo I

ADESTRAMENTO, CRIAÇÃO E SERVIÇOS

Adestramento

Alexandre Rossi

Destruir a casa, fazer xixi no lugar errado, demonstrar agressividade... Todos esses problemas que atrapalham o relacionamento com seu cachorro ou gato podem ser solucionados com o adestramento do bicho. O zootecnista Alexandre Rossi é um mestre na arte de treinamento e comportamento de animais e desenvolveu técnicas para adestrar até mesmo *hamsters* e golfinhos! Rossi conta mais sobre seus métodos de trabalho no livro *Adestramento inteligente*. Ele promove palestras e cursos sobre o assunto e também atende os cães individualmente.

▶ Rua Sílvio Portugal, 75 – Pacaembu –
Tel./fax: 3862-5865 – 10h30/20h30
(não abre aos sábados e domingos) –
E-mail: rossi@bigfoot.com –
Site: www.petsite.com.br/adestramentointeligente

Pet Shop Sena Madureira

O seu ouvido pode não perceber, mas esses apitos supersônicos para chamar cães fazem toda a diferença para os totós adestrados e chamam a atenção deles a distâncias de até dez metros. Os apitos vendidos na Pet Shop Sena Madureira são importados dos Estados Unidos, medem oito centímetros e têm a espessura de uma caneta esferográfica. O Pet Shop é climatizado e os donos podem acompanhar o banho e a tosa de seus cãezinhos através de janelas de visão panorâmica.

▶ Rua Sena Madureira, 870 – Vila Mariana – Tel.: 5084-3962 e fax: 5083-0840 – 8 h/18 h (não abre aos domingos)

Sheila Niski

A coleira Gentle Leader promete ser a salvação para os donos de cachorros que empacam ou puxam demais a guia na hora de passear. Tudo graças a seu *design* diferente, que passa por cima do focinho e, em vez de apertar a garganta, exerce pressão na parte de trás do pescoço do cão, funcionando como um calmante natural. "Além disso, a coleira também pressiona de leve o focinho, o que imita a mordidinha que o líder de uma matilha geralmente dá para mostrar quem é que manda", corta a adestradora Sheila Niski, que vende a Gentle Leader por telefone e também dá cursos de adestramento. Feita de náilon, a coleira vem em cinco tamanhos diferentes.

▶ Tels.: 5096-1056 e 9195-0766 – 9 h/21 h (não atende aos sábados e domingos) – (Não divulga o endereço) – E-mail: sheila@lordcao.com.br

Aluguel de cães de guarda

Canil Palo Verde

O canil aluga *dobermanns*, pastores alemães e *rottweilers* treinados para servir de cães de guarda, principalmente em empresas. Eles passam por uma fase de adaptação junto com os seguranças e trabalham sempre em sistema de rodízio, já que grande parte dos roubos que acontecem nas empresas é cometida por ex-funcionários. A contratação é feita por mês, mas também é possível contratar os cães para eventos e residências.

▶Estrada do Palma, 583 – Campo Limpo Paulista – Tel./fax: 4039-1984 e 4039-1090 – 9 h/16 h – E-mail: canilpaloverde@uol.com.br

Oferecem o mesmo serviço:

▶ Canil Power Dog

Aluguel de cães para segurança de galpões, lojas e casas. Rua Robério Dias, 60 – Vila Ema – Tel.: 6918-9245 – 7h30/18 h (aos sábados até as 14 h; não abre aos domingos)

▶ Omar Siri

Tel.: 3751-3538 – (Não divulga o endereço) – E-mail: schutzhunde@rottweiler.com.br – Site: www.schutzhunde.cjb.net

Apresentação de cães adestrados

Canil da Polícia Militar do Estado de São Paulo

Eles demonstram obediência, transpõem obstáculos, protegem os policiais de todos os perigos e até atravessam um aro em chamas! São os cães do Canil da PM de São Paulo, que fazem demonstrações abertas ao público na segunda e última quartas-feiras do mês e recebem visitas agendadas por telefone. O *show* é feito geralmente por quatro cachorros, *rottweilers* e pastores alemães, e a apresentação também pode ser contratada para escolas, instituições e eventos, gratuitamente. Para tanto, é preciso enviar um ofício com o pedido para o Comando de Policiamento de Choque.

▶ Rua Tenente Júlio Prado Neves, 1.111 – Tremembé – Tel.: 6203-2092 – 9 h/17 h (apenas aos sábados, domingos e feriados)

Soldado de quatro patas

Você sabia que um pastor alemão da Polícia Militar de São Paulo virou herói? Em 1956, Dick ajudou a encontrar um menino de 4 anos que havia sido seqüestrado: ele cheirou o travesseiro do garoto e conseguiu levar a polícia até o cativeiro. Em homenagem à sua bravura, Dick foi promovido de soldado raso a cabo pelo então governador Jânio Quadros. Além disso, ganhou um busto de bronze no canil da Polícia Militar.

Fábio Stevanovich

Onde mais cachorros andam de patinete, fazem acrobacias e aparecem fantasiados? No *show* de Fábio Stevanovich, doze cães amestrados, de várias raças, fazem a alegria do público por cerca de 40 minutos. De família iugoslava, Fábio tinha um número com cães no circo onde trabalhava e, no começo dos anos 1990, resolveu partir para o próprio negócio. Geralmente, os *shows* são contratados para festas de crianças, mas eles já foram convidados para desfiles de moda e até para um casamento.

▶Tel.: 6966-8258 – 9 h/18h (não atende aos sábados e domingos) – (Não divulga o endereço) – E-mail: fabiostevanovich@ibest.com.br

Cães guias para deficientes visuais

Associação Cão Guia de Cego

O treinamento de um cãozinho para ser guia de deficientes visuais começa logo cedo, aos 2 meses de idade, quando ele aprende a sentar, deitar, ficar junto do adestrador e a fazer cocô e xixi no lugar certo. No entanto, é essencial que o cão seja dócil e saudável, nem muito mandão, nem tímido demais. A partir dos 4 meses, o animal começa a diferenciar obstáculos de largura e altura e aprende a atravessar a rua, entrar no elevador, pegar ônibus e subir ou descer escadas rolantes e outras situações corriqueiras que se tornam mais complicadas para os cegos. O cachorro aprende até mesmo a desobedecer ordens – o que os especialistas chamam de desobediência inteligente – em situações de perigo, como não querer atravessar uma rua ao ver um carro se aproximando. A associação é mantida com patrocínio de empresas e doa os cães para deficientes cadastrados. A fila de espera para conseguir um animal é de cerca de quatro meses.

▶ Rua Lavradio, 74, apto. 31B – Perdizes –

Tels.: 3667-0288 e 3663-3436 – 9 h/18 h (não atende aos sábados e domingos) – Site: www.vidadecao.com.br

Cemitérios

Jardim do Amigo

Com uma área de 20 mil metros quadrados, o cemitério de animais foi uma idéia trazida da Argentina pela italiana Adriana Sandonati e tem mais de 3 mil bichos enterrados, cachorros em sua grande maioria. Há setores de jazigos para papagaios, gatos, chinchilas e outros animais domésticos – o local não aceita cavalos, por exemplo. Uma ambulância vai retirar o bichinho, que recebe um velório e é enterrado sem caixão. No dia 4 de outubro, tudo fica mais feliz com as comemorações do Dia de São Francisco de Assis, protetor dos animais. A festa inclui apresentações de cães adestrados e sorteios, e um padre abençoa os *pets* vivos que participam do evento.

►Rua José Aguila Sanches, 64 – Ambuitá – Itapevi – Tels.: 4144-2512, 4144-2884 e 4144-1520 – 24 horas – Site: www.jardimdoamigo.com

Pet Memorial

Nada de jogar o corpo do animalzinho em algum terreno baldio ou lixão depois que o pobre vai desta para uma melhor. O Pet Memorial oferece dois planos de assistência funerária para animais: o preventivo, que ainda garante descontos ao dono em uma rede credenciada de clínicas veterinárias, *pet shops* e farmácias, e o imediato, vendido quando o bichinho morre. A remoção é feita por uma equipe treinada e que fica à disposição 24 horas, sendo que o animal é cremado sob supervisão de um médico veterinário. O Pet Memorial conta atualmente com 5 mil associados, entre cães, gatos, *hamsters*, papagaios e pássaros.

▶ Avenida Saddae Takagi, 860 – São Bernardo do Campo – Tel.: 4343-5000 – 8 h/18 h (não abre aos sábados e domingos) – E-mail: petfriends@petfriends.com.br – Site: www.petmemorial.com.br

Consultoria cinófila

Hilda Drummond

A paixão pelos cães da única consultora para assuntos cinófilos do Brasil começou ainda na infância, quando encontrou um cachorrinho na rua e passou a cuidar dele escondido de sua família. Acabou gastando todo o dinheiro de seu cofrinho para levá-lo ao veterinário. "Quando eu tinha uns 20 anos de idade, meu noivo perguntou se eu queria um casaco de pele ou um cachorro de presente. Adivinhe o que escolhi?", relembra Hilda. Criadora de *bichon frisé* e juíza de competições, ela dá cursos sobre a origem e a evolução das raças caninas e presta assessoria para quem quer saber como abrir um canil, manejar

Cada raça, uma sentença

Cada tipo de cachorro e gato se adapta melhor a um estilo de vida. Há os que protegem a casa do dono, como o *rottweiler*, o pastor alemão, o *dobermann* e o *akita*. Outros gostam de esportes radicais, como o *pit bull*, o pastor belga, o *poodle* médio, o *setter* e o *weimaraner*. *Golden retrievers*, labradores, bóxeres e *shih tzus* fazem ótimos cães de companhia para famílias com ou sem crianças.

Para quem mora em apartamento, as raças mais indicadas são as de cachorros pequenos e calmos, como *pinscher*, *yorkshire*, *basset hound* e o *dachshund*. No caso dos gatos, os bichanos mais calminhos e que curtem mais viver em apartamento são os persas e angorás. Se for morar em casa, além dos peludões, outras opções são os siameses, que tem pêlo curto, e os famosos vira-latas. "Mas não se pode generalizar porque, embora cada raça apresente um comportamento, os indivíduos possuem características diferentes", explica o zootecnista Alexandre Rossi. Por isso, é importante observar se os pais dos filhotes são agressivos e se o bichinho não tem medo excessivo ou já é invocado desde pequeno.

filhotes e obter mais informações a respeito da pureza das raças e padrão de pelagem.

▶ Rua Leonice Maria, 54 – Parque Maria Helena – Tel.: 5510-8493 – 9 h/18 h (não abre aos domingos)

Handlers

Sunshine Kennel

Quando os cães participam de exposições e concursos, o visual conta quase 100% na decisão dos juízes. Eles têm que passar por uma sessão de banho e são tosados e penteados de acordo com os padrões estabelecidos internacionalmente para cada raça. Os responsáveis por toda essa preparação são os chamados *handlers*, como os profissionais da Sunshine Kennel, que realiza o trabalho desde 1976. Além de um retoque geral na aparência, os animais também recebem treinamento e aprendem a desfilar na passarela.

▶ Estrada do Caiapiá, 2.793 – Cotia –
Tel.: 4616-8232 e fax: 4616-2092 –
9 h/17 h (não abre aos sábados e domingos) –
E-mail: rasera.paola@uol.com.br –
Site: www.sunshinekennel.com.br

Microchipagem

Clínica Veterinária Universal Dog

Muitos países já exigem a entrada de cães estrangeiros com um *microchip* de identificação. Do tamanho de um grão de arroz, o objeto contém um número de identificação único e internacional que, lido com um *scanner* próprio, revela a procedência do animal e o nome dele e do dono, entre outras informações. "O Centro de Controle de Zoonoses também já conta com esse *scanner*, e o *microchip* pode salvar a vida de um animal que seria sacrificado", conta Marcelo Bauer, veterinário da Universal Dog. O *microchip* é injetado como uma vacina e fica na zona subcutânea da pele, geralmente na região da escápula. Sua aplicação dói tanto quanto uma injeção comum.

▶ Rua Major Dantas Cortez, 440 – Vila Gustavo – Tels.: 6951-0184 e 6989-5728 – 10 h/19 h, com hora marcada (aos sábados, 10 h/17 h; não atende aos domingos)

Palestras educativas

Animania

O que fazer se meu gatinho tomar um choque? E se o meu cachorro se afogar? Informações como essas, que podem salvar a vida do seu animal de estimação, são tema das palestras ministradas por Cristiane Limori, proprietária do *pet shop* Animania, e a veterinária Lígia de Alcântara. Os eventos são gratuitos e acontecem uma vez a cada dois meses.

▶ Avenida Ipiranga, 200, loja 66, Ed. Copan – Centro – Tel.: 3231-2524 – 9 h/20h30 (aos domingos, 10 h/15 h) – E-mail: animaniapetstore@yahoo.com.br

Pedigree

Kenel Clube de São Paulo

O *pedigree* funciona como a certidão de nascimento do cachorro, pois garante a origem e a filiação dos cãezinhos. Esse registro pode ser feito no Kenel Clube de São Paulo. Para tanto, o proprietário deve abrir uma empresa, como em um cartório, e depois escolher até seis sobrenomes que serão investigados nos cartórios caninos. Caso não haja nenhum parecido, os filhotes recebem a certidão. O Kenel Clube de São Paulo também faz transferências de propriedade, reconhece *pedigrees* estrangeiros (o animal passa a ter um número de identificação no Brasil) e homologa títulos de concursos e exposições.

▶ Rua Cancioneiro Popular, 499 – Brooklin – Tel.: 5184-1164 – 9 h/18 h (não abre aos sábados e domingos) – E-mail: kcsp@uol.com.br

Portão de segurança

Multigate

Batizado de "Totogate", esse portãozinho de aço pode ser instalado em qualquer parte da casa e mantém os cachorros em seu devido lugar. Para abri-lo, é preciso puxar uma arruela para cima, o que se torna muito difícil mesmo para o mais esperto dos fujões. "O pessoal geralmente compra para manter os cachorros longe da piscina ou do sofá", conta Wilson Marcondes, proprietário da Multigate e inventor da peça. A instalação é feita encaixando-se as hastes do portão nos batentes da porta ou passagem, o que dispensa pregos, parafusos e furadeiras. A altura é sempre a mesma, de 90 centímetros, e há seis opções de comprimentos diferentes, de 58 a 97 centímetros, mas que pode chegar até 1,60 metro, se feito sob encomenda. A empresa também fabrica o "Autogate", que é instalado em carros para impedir que os cães cheguem ao banco do motorista e que também os protegem das freadas mais bruscas. Os produtos são entregues em domicílio.

▶ Tel.: 3082-2605 – 8 h/22 h – (Não divulga o endereço) – Site: www.multigate.com.br

Terapia assistida por animais

ONG Cão Cidadão

O objetivo dessa organização não-governamental que existe desde 1999 é divertir crianças que têm câncer. Toda semana, cães treinados e seus donos visitam hospitais, onde fazem truques por uma hora para distrair e alegrar o dia dos pacientes. O trabalho da instituição é um exemplo da chamada terapia assistida por animais, que deixa os pacientes mais calmos e também ajuda na luta contra a depressão.

▶ Rua Sílvio Portugal, 75 – Pacaembu –
Tels.: 3862-5865 e 9846-1294 – 24 horas –
E-mail: caocidadao@caocidadao.org.br –
Site: www.caocidadao.org.br

Oferecem o mesmo serviço:

▶ Pet Alegria

Rua Sadae Takagi, 860 – Jardim Cooperativa –
São Bernardo do Campo – Tel.: 4343-5000 –
9 h/17 h (sábados e domingos, realização das visitas) – E-mail: molina@petmemorial.com.br –
Site: www.petfriends.com.br

▶ Pet Smile

Rua Corumbá, 109 – Sumaré – Tels.: 3865-2940 e 3865-6534 – 9 h/17 h (não abre aos sábados e domingos) – E-mail: afuchs@amcham.com.br

Projeto Cão do Idoso

A vida em casas de repouso e abrigos pode fazer com que os idosos se sintam solitários e deprimidos. É aí que entra o trabalho dos 30 cães voluntários do Projeto Cão do Idoso. Acompanhados por seus donos, eles visitam cerca de 150 velhinhos por mês, sempre aos domingos, em sessões que duram aproximadamente uma hora e meia. "Além de distrair os idosos das dores e dos momentos difíceis do dia-a-dia, os cachorros também ajudam com a fisioterapia, já que os encorajam a fazer movimentos com os braços e pernas", relata Jerson Dotti, fundador do Projeto.

▶ Tel.: 8121-2816 – 8 h/18 h (não atende aos sábados e domingos) – (Não divulga o endereço) – Site: www.projetocao.com.br

Capítulo II

ANIMAIS CARENTES E ADOÇÃO

Assistência e orientação para animais abandonados

Associação Protetora de Animais São Francisco de Assis

A entidade não tem abrigo para animais abandonados, mas dá assistência para cães e gatos carentes há muitos anos, oferecendo cuidados veterinários a preços simbólicos. A associação também recebe denúncias de maus-tratos de animais de estimação, mas a pessoa deve se identificar, para evitar que os *pets* sejam usados, por exemplo, como mote para brigas entre vizinhos.

▶ Rua Santo Elizeu, 272 – Vila Maria –
Tels.: 6955-4352 e 6954-1788 – 9 h/20 h
(aos sábados até 18 h; domingos e feriados, até 12 h) – E-mail: apasfc@bol.com.br –
Site: www.apasfa.org

Centro de Planejamento de Natalidade Animal – CPNA

Criado pela executiva norte-americana Debbie Hirst, o CPNA promove a esterilização e vacinação de gatos e cachorros a preços mais acessíveis, em parceria com ONGs que promovem a doação de animais. Para atender os animais carentes, o Centro manda um ônibus com 56 gaiolas para buscar os cães e gatos em favelas e regiões mais pobres da cidade e levá-los à sede, onde são realizadas até 60 cirurgias de castração por dia, sem nenhum custo para os donos. Ao final da tarde, os animais são levados de volta para suas casas. Para particulares, a castração é cobrada e custa, em média, um terço do valor praticado em clínicas particulares. As consultas veterinárias também têm preços populares.

▶ Avenida Danton Jobim, 569 – Vila Friburgo – Santo Amaro – Tel.: 5687-7071 – 8 h/17 h (não atende aos sábados e domingos)

Cia. do Bicho

O grupo subsidia cirurgias de castração e procura conscientizar a população a respeito da posse responsável de animais em feiras de *pets* e outros eventos. Além disso, também ajuda donos a doarem seus animais, na tentativa de diminuir o número de bichos abandonados e que acabam sacrificados diariamente no Centro de Controle de Zoonoses. A Cia. do Bicho aceita a colaboração de voluntários.

▶ Tels.: 8137-8030 e 9395-1627 – 24 horas – (Não divulga o endereço) –
E-mail: informe@ciadobicho.com.br –
Site: www.ciadobicho.com.br

Oferece o mesmo serviço:

▶ Aliança Internacional do Animal – Rua Pasquale Gualup, 900 – Paraisópolis – Tels.: 3749-0800 e 3749-9996 – 9 h/17h30 (não abre aos sábados e domingos) – E-mail: aila@aila.org.br – Site: www.aila.org.br

Instituto Nina Rosa

Os atendentes do Instituto recebem cerca de 20 ligações a respeito de doação de animais e denúncias de maus-tratos. "Cada caso é atendido de forma personalizada. Quando o proprietário deseja doar seu animal de estimação, ele é questionado sobre os motivos e tentamos ajudá-lo fornecendo alternativas e sugestões de acordo com cada situação", explica Nina Rosa Jacob, fundadora do Instituto. Quem liga também recebe orientação sobre castração de animais e onde se pode obter o serviço por um preço mais acessível. O Instituto produz ainda material educativo, como fitas de vídeo que enfocam a posse responsável e o bem-estar animal.

▶ Tel.: 3031-9091 e fax: 3097-0210 – 9 h/18 h (não atende aos sábados e domingos) – (Não divulga o endereço)

Quintal de São Francisco

O Quintal já recolheu cães e gatos abandonados nas ruas da cidade, mas hoje existem mais de 800 animais em suas dependências, ou seja, cerca de 500 a mais do que o abrigo comporta. O local é mantido por doações, que vêm diminuindo sensivelmente nos últimos tempos. "As adoções são raras e muitos animais estão no abrigo há tanto tempo que ficaram doentes ou velhos demais para serem adotados", explica Eufrate Almeida, um dos voluntários. Mesmo assim, ainda há uma grande quantidade de cachorros e gatinhos prontos para encontrar uma nova casa. A instituição aceita doações de qualquer valor.

▶ Abrigo: Não divulga o endereço.
Escritório: Rua Humberto Primeiro, 183 –
Vila Mariana – Tels.: 5081-5446 e 5081-5151 –
9 h/17 h (aos sábados até as 12 h;
não atende aos domingos) –
Site: www.quintaldesaofrancisco.org.br

Registro Geral Animal

Centro de Controle de Zoonoses

Se você não quiser que seu bichinho faça parte do número assustador de animais abandonados nas ruas da cidade, a melhor coisa a fazer é tirar o Registro Geral Animal (RGA) de seu gato ou cachorro, no Centro de Controle de Zoonoses (CCZ). Esse órgão da Secretaria Municipal de Saúde de São Paulo recolhe parte dos animais de rua. Os mais jovens são tratados e colocados para a adoção, e os doentes, sacrificados com injeção letal. No entanto, se o bicho tiver a plaquinha de identificação do RGA, será reencaminhado a seu dono.

▶ Rua Santa Eulália, 86, Santana –
Tel.: 6224-5500 – 9 h/18 h (aos sábados,
até as 16 h; não abre aos domingos)

Posse responsável

Você sabia que existem mais de 1,5 milhão de animais abandonados na cidade de São Paulo? Esses 1,3 milhão de cães e 300 mil gatos estão por aí por várias razões. "Muitas pessoas compram por impulso e depois não sabem o que fazer com os animais. Eles se esquecem que têm uma vida nas mãos, que requer cuidados", explica a psicóloga de animais Hannelore Fuchs. Outras não têm condições de oferecer cuidados ideais, como a castração, e os bichinhos continuam se reproduzindo. Imagine que uma cadela é capaz de procriar 555 filhotes em três anos, considerando-se também a cadeia gerada pela cria de seus filhotes, e que uma gata é capaz de dar origem a 10 mil novos gatinhos no mesmo período! Parte dos bichos vai parar no Centro de Controle de Zoonoses, onde cerca de 800 animais são sacrificados por mês, enquanto apenas 80, castrados e vermifugados, são adotados por uma nova família no mesmo período.

Capítulo III

ESPORTES E RECREAÇÃO

Acessórios

Cobasi

Esse verdadeiro *shopping* para *pets* tem mais de 10 mil produtos para animais de estimação, como o Springer Bike Dog, que pode salvar o dono e o cão de um grande mico ou até de acidentes na hora de andar de bicicleta. O suporte de aço fica preso no eixo traseiro da magrela e vem com uma guia que é presa a uma coleira peitoral para o cão. O acessório também tem molas que reduzem os trancos dados pelos puxões do cachorro. Mas, atenção: o animal deve passar por um breve treinamento antes de você sair pedalando por aí, e é preciso começar aos poucos. Se o cachorro tentar passar pelo outro lado de um poste ou uma árvore, por exemplo, basta soltar a trava de segurança.

▶ Avenida Giovanni Gronchi, 5.411 – Morumbi; Avenida dos Autonomistas, 1.828 – Osasco; Rua Manoel Velasco, 90 – Vila Leopoldina – Tel.: 3831-8999 – 8 h/21 h (aos domingos, 9 h/19 h) – E-mail: comercial@cobasi.com.br – Site: www.cobasi.com.br

Pet Stuff

Muita gente não está nem aí, mas mostra que não tem educação ao simplesmente deixar seu cachorro fazer as necessidades na rua e não limpar o local. De acordo com a Lei nº 13.131 do município de São Paulo, todos os proprietários de animais que não recolhem a sujeira de seu *pet* estão sujeitos a pagar uma multa. Para que nem você nem o cãozinho passem vergonha, uma boa opção são as pás coletoras, como as vendidas na Pet Stuff.

▶ Avenida Miruna, 442 – Moema – 9h30/19 h (aos sábados até as 15 h; não abre aos domingos)

Brinquedos educativos

Pet-à-Porter

Nem todas as brincadeiras têm que testar apenas a força dos cachorros. Nessa loja, os donos podem encontrar também brinquedos educativos que distraem os bichos quando ficam sozinhos em casa, como bolas onde se pode esconder a ração. "Cada cãozinho encontra um jeito de tirar a ração e alguns ficam brincando o dia inteiro", conta Renata de Menezes Corigliano, veterinária e proprietária da loja. A Pet-à-Porter também oferece tratamentos veterinários por meio de florais de Bach, acupuntura e homeopatia.

▶ Avenida Barão de Campos Gerais, 336 –
Real Parque – Tels.: 3759-1671 e 3759-1565 –
9 h/18 h (não abre aos domingos)

Smart Pets

O seu cachorro não iria adorar ter um túnel de *agility* só para ele? Feitos em PVC bem leve e atóxico, os túneis da Smart Pets vêm com suporte dobrável e têm entre 2,5 e 6 metros de comprimento. Os cilindros podem ser totalmente recolhidos, pois são retráteis. "Os túneis também funcionam como uma brincadeira saudável em casa e não apenas para os cães que praticam *agility*", explica o proprietário Carlos Eduardo Lopes. A loja oferece ainda casinhas de PVC impermeável dobráveis e a Smart Boot, uma botinha de neoprene com sola de borracha, em vários tamanhos e cores.

▶ Rua Agostinho Lattari, 320 – Mooca –
Tel.: 6914-3711 e fax: 6914-1107 – 8 h/17h45
(não abre aos sábados e domingos) –
Site: www.smart-pets.com.br

Modalidades esportivas

Academia Brasileira de Formação em Agility - Abrafa

Agility é o nome que se dá a uma corrida que os cachorros fazem por um percurso repleto de obstáculos: eles escalam rampas, saltam barras e pneus, percorrem passarelas e atravessam túneis abertos e fechados, entre outras peripécias, geralmente em cerca de 40 segundos. E tudo isso acompanhado pelos donos, para quem a modalidade acaba sendo também um ótimo exercício. "O *border collie* parece que foi feito para o *agility*, mas qualquer raça pode praticá-la, a não ser as de cães muito grandes e pesados, como são bernardo, dogue alemão e *mastiff* inglês", explica Betina Correia, proprietária da Abrafa. Para participar, os bichos devem começar a receber treinamento de obediência aos 5 meses de idade, e a partir dos 7 meses já podem começar a treinar para o *agility*. Ao completarem 1 ano de idade, estão liberados para as competições.

▶ Rua José Tavares de Siqueira, 313 – Tatuapé – Tel.: 6197-8880 – 9 h/22 h (não abre às segundas-feiras; aos sábados até as16 h; aos domingos até as 12 h) – E-mail: agilityabrafa@terra.com.br – Site: www.abrafa.com.br

Academia Canina Italian Cane Corso

Agora os cachorros gordinhos já não têm mais desculpas para não perder alguns quilos. Na Academia Canina, eles fazem musculação com um método trazido da Europa por Edson Vieira, proprietário do local e adestrador de cães há vários anos. "O exercício também é indicado aos cachorros que precisam desenvolver a musculatura para participar de exposições", conta ele. Para que fiquem "sarados", os animais correm em uma esteira com uma capa que leva três quilos de cada lado, entre outras modalidades. A partir de 1 ano de idade, os cães de qualquer raça podem treinar, mas os resultados são mais visíveis nos de pêlo curto, como *pit bulls, rottweilers*, bóxeres e *cane corsos*.

▶ Avenida Santo Amaro, 582 – Vila Nova Conceição – Tel.: 3846-2085 – 8 h/18 h (não abre aos domingos) – Site: www.academiacanina.com.br

Alternativa's Dog Show

Aqui os cachorros podem praticar uma modalidade esportiva ainda pouco conhecida no Brasil, o *flyball*. É uma corrida de revezamento entre duas equipes de quatro cães cada, que percorrem uma pista de 15 metros de comprimento com obstáculos até chegarem a uma máquina própria para o esporte, que solta uma bolinha. "O cachorro aperta um pedal da máquina com as duas patas da frente, pega a bolinha e volta pelo mesmo percurso. Ao atravessar a linha de chegada, o próximo 'atleta' dispara para fazer tudo de novo", explica Luís de Oliveira, um dos proprietários da Alternativa's. Os cães não precisam ser todos da mesma raça e, de acordo com Luís, é uma boa idéia ter um animal de raça pequena na equipe, já que a altura dos obstáculos é regulada de acordo com o tamanho do menor participante. O Alternativa's também tem hotelzinho e faz apresentações de *agility*, *frisbie* e *flyball*.

▶ Rua Tatupeba, 4 – Santo André –
Tel.: 4453-1460 – 8 h/19 h –
Site: www.alternativas.com.br

Canil Rafdil

Puxar troncos de árvore, carros de até uma tonelada e meia, saltar sete metros em distância, pular mais de dois metros de altura e abocanhar um pneu suspenso, mergulhar a dois metros de profundidade... Essas são apenas algumas provas do *gamedog*, uma espécie de *ironmen* canino que conta com vários exercícios radicais. "Cães de qualquer raça podem tentar fazer, mas os mais fortes, ágeis e com explosão muscular, como o *pit bull* e o *bull terrier*, levam a melhor", conta Alexandre Nunes Rosa, que prepara os animais para o *gamedog* no Rafdil. "Mas antes de tudo é preciso preparar a musculatura e a estrutura dos cachorros para que eles não sofram lesões." O cachorro está pronto para competir em cerca de seis meses. O canil também tem hotelzinho e faz um trabalho de readaptação para animais com distúrbio de comportamento.

▶ Rua Bernardino Bertolucci, 41 – Jardim Jaraguá – Tel.: 9537-7620 – 24 horas

Oferece o mesmo serviço:

▶ Canil Killer – Rua das Carmelitas, 328 – Jardim Santo André – Santo André – Tel.: 9850-8567 – 8 h/22 h (não abre aos domingos)

Lar Dog's

Nesse canil os grandes astros são os bochechudos cães da raça *mastiff*, que sempre receberam aulas de natação dos proprietários Luiz Renato e Carlos Roberto Flaquer Rocha. Mais tarde, esse treinamento aquático, que é usado para fortalecimento dos músculos e em sessões de fisioterapia, passou a ser oferecido também aos cachorros atendidos na clínica da Lar Dog's. As aulas são feitas numa piscina de 1,5 metro de profundidade e acompanhadas por veterinários. A folia na água também dá uma forcinha para cachorros roliços, que precisam emagrecer e, de quebra, acabam ficando mais ágeis e saudáveis.

▶ Rua Dr. Bacelar, 870 – Vila Clementino – Tels.: 5071-1792 e 5594-4002 – 9 h/19 h (aos sábados até as 18 h; não abre aos domingos) – E-mail: lardogs@mastiff.com.br – Site: www.mastiff.com.br

Passeio

Dog Walker

Paulo Henrique Carneiro era *web designer* e não ligava muito para cachorros, até conhecer a passeadora de cães Raquel Yukie Hama. O namoro deu uma força para o negócio e eles criaram a Dog Walker. Depois de buscarem os animais em casa, eles os levam para passear no Parque do Ibirapuera e praças próximas. Pela manhã é a vez dos pequeninos, que ficam em uma área cercada. Os maiores saem na parte da tarde. Todos os cachorros passeiam soltos, pois são adestrados sem coleira. "É uma ótima oportunidade de sociabilização e de mudar o temperamento de cães mais agressivos", conta Paulo. A empresa também oferece cursos para quem quer se tornar passeador e conta com a consultoria de uma psicóloga comportamental.

▶ Rua Demóstenes, 154 – Campo Belo – Tels.: 5094-0541 e 9332-5095 – 8 h/20 h ou

24 horas no celular (não abre aos sábados e domingos) – Site: www.dogwalker.com.br

Oferece o mesmo serviço:

▶ Nelson Corazza – Não divulga o endereço – Tels.: 3744-8165 e 9352-0565 – 24 horas – Também tem "táxi-dog" e adestramento.

Farfalla e Villa Tavola

Você sabia que existem mais de 70 restaurantes que aceitam cachorros na cidade de São Paulo? A grande maioria tolera a presença dos animais somente em ambientes abertos ou nas calçadas, mas no Farfalla eles são bem-vindos até dentro do salão desde a inauguração da casa. "Um casal de namorados apareceu para jantar e deixou um *cocker spaniel* dentro do carro, chorando. Fiquei com pena e deixei que ele entrasse", conta a proprietária Alice Maria Dutra. A maioria dos cães fica no chão, ao lado da mesa dos donos, mas alguns chegam a sentar nas cadeiras. "Eles não fazem bagunça e, se alguém se sentir incomodado, é só mudar de mesa", explica Alice, que já recebeu furões, iguanas e até uma cobra amarela. No Villa Tavola, os animais ficam em um espaço construído especialmente para eles, com três casinhas, ração e água fresca.

▶ Farfalla – Rua Presidente Prudente, 117 – Jardim Paulista – Tel.: 3085-8146 – 19 h/último cliente (aos domingos a partir das 12 h) – Site: www.farfalla.com.br

▶ Villa Tavola – Rua 13 de Maio, 848 – Bela Vista – Tels.: 288-5673, 283-3290 e 288-9747– 24 horas – Site: www.villatavola.com.br

Pets sarados

A atividade física é tão importante para os animais quanto para o próprio homem. Por isso, mesmo que o cachorro não pratique *agility* ou outros esportes, é essencial que o dono pelo menos o leve para passear. "Associados a uma alimentação equilibrada, os exercícios controlam a obesidade e diminuem as chances do animal ter enfartes, derrame e doenças do coração", afirma o veterinário Marcos Eduardo Fernandes, de São Paulo. Além disso, a famosa volta na pracinha é uma oportunidade de sociabilização para o cãozinho. "Sem contato com outros cachorros, ele acaba perdendo a referência do que é ser um cão e se torna muito humanizado, pois só come, dorme e viaja na companhia das pessoas", explica. Mas e no caso dos gatos? Os bichanos podem ser mais independentes, mas também precisam de malhação. Se o gatinho for acostumado desde filhote, um passeio com coleira peitoral pode ser uma boa opção, mas eles nem sempre a aceitam. "Outra alternativa é deixar arranhadores e tubos de PVC à disposição, para que eles possam se exercitar de uma maneira divertida", conta Marcos.

Shopping Pátio Higienópolis e Shopping Iguatemi

A maioria dos *shoppings* paulistanos não quer nem saber de cães e gatos nos seus corredores. No Villa-Lobos, Anália Franco, Morumbi, Iguatemi, Market Place, West Plaza, Paulista e Plaza Sul, por exemplo, os animais podem entrar apenas para ir ao *pet shop*, próximos a acessos ao estacionamento e, ainda assim, com coleira e no colo dos donos. E isso se forem pequenos; os cachorrões só entram se forem guias de deficientes visuais. No Shopping Pátio Higienópolis, no entanto, os animais podem andar livremente e há até um bebedouro para eles. Mas atenção: os cães médios e grandes só podem andar no colo ou na coleira, e os das raças mais bravas, como *rottweilers* e *pit bulls*, têm que usar focinheira e só podem entrar para ir ao *pet shop*. Os cachorros também não podem usar as escadas rolantes, a não ser que fiquem no colo dos donos, nem elevadores. Passar pela praça de alimentação, nem pensar! O Shopping Iguatemi só aceita cães de pequeno e médio porte, pois os latidos dos maiores podem causar transtorno, e os bichos têm que andar com coleira. As demais regras também prevalecem.

▶ Shopping Pátio Higienópolis – Avenida Higienópolis, 618 – Tel.: 3823-2300 – 10 h/22 h

▶ Shopping Iguatemi – Avenida Brigadeiro Faria Lima, 2.232 – Jardim Paulistano – Tel.: 3038-6000 – 11 h/22 h – Site: www.iguatemisaopaulo.com.br

Recreação

Dog World

Escola de obediência, *agility*, cursos de *frisbie* e *fly-ball*, hotelzinho. Essas são algumas das atrações do Parque Canino Dog World. Numa área de 6.300 metros quadrados, os cães se divertem também com a *free style dancing*, uma seqüência de truques ao ritmo de uma música, como uma coreografia. O parque também faz festas de aniversário e de casamento para os peludos. " Indicamos onde comprar o bolo, os enfeites para a decoração e até preparamos as lembrancinhas", conta Dan Wroblewski, veterinário e proprietário.

▶ Rua Filós, 51 – Bairro Quinta dos Anjicos – Cotia – Tel.: 4243-1054 – 8 h/18 h (não abre aos domingos) – Site: www.bordercollie.com.br

Capítulo IV
GASTRONOMIA

Doces

Etc. e Cão

É difícil encontrar um cachorrinho que não seja louco por chocolate, mas o doce pode realmente afetar a saúde do animal. A manteiga de cacau possui teobromina, uma substância que os cães não conseguem metabolizar e que se torna tóxica para seu organismo. Por isso, é melhor deixar os bombons para humanos de lado e oferecer um chocolate feito especialmente para cachorros. Na Etc. e Cão há tabletes, *cookies* e ovos de Páscoa. O fabricante garante que o produto tem baixo teor de gordura, evitando, assim, a diarréia.

▶ Rua da Consolação, 3.354 – Jardins – Tels.: 3061-5426 e 280-3902 – 9 h/19 h (aos sábados até as 17 h; não abre aos domingos) – Site: www.portalciadosfilhotes.com.br/etcecao/

Nicole´s Candies for Dogs

A *delicatessen* canina oferece mais de dez tipos de iguarias, como o "pirulicão", feito com extrato de soja e mel, a empada de galinha ou de queijo crocante, preparadas com beterraba e cenoura em pó, e os croquetes, de pó de espinafre com essência de bacon. Para elaborar as receitas, a confeiteira e artista plástica Maria José Machado França, a "Zezé", consultou veterinários para saber que tipos de ingredientes os animais de estimação poderiam ingerir sem prejudicar a saúde. A grande vedete é o bolo de casamento, com glacê e tudo, que leva frutose em vez de açúcar e é decorado com casais de cachorrinhos da raça que o cliente pedir. Para os filhotes, brigadeiro, é claro.

▶ Rua Aracaju, 69/A – Higienópolis –
Tel.: 3825-8026 – 10 h/13h30 e 14h30/18 h
(não abre aos domingos)

Móveis

Rodrigo Dobbins Barbosa

O *designer* fabrica uma mesinha para refeições especialmente para cachorros de médio porte. Feita com um tipo de chapa de madeira chamada MDF, ela tem formato de osso e é coberta com um tapete antiderrapante, que impede que as tigelas escorreguem e também que a água infiltre na madeira. "A mesa garante a higiene na hora da refeição e melhora a postura do animal", explica Rodrigo. O acessório tem 20 centímetros de altura, mas ele atende encomendas para cães menores.

▶ Tel.: 9963-6806 – (Não divulga o endereço) –
E-mail: dobs@bol.com.br

Pães e bolos

Pet Emporium

Quem disse que o melhor amigo do homem também não merece um panetone no Natal? O doce natalino da Paneteria di Canni é preparado com ingredientes naturais e sem adição de açúcar ou sal, assim como os bolos, *cookies* e muffins. As receitas são fruto de três anos de pesquisas do veterinário Angelo Carrotta Neto e vêm nas versões banana, maçã, frutas vermelhas, salsa e cenoura. Já o panetone leva uvas passas. Os produtos estão à venda na Pet Emporium

▶ Rua Canário, 796 – Moema – Tel.: 5051-2444 – 9 h/18 h (não abre aos domingos)

The Dog Bakery

Biscoitos de mel, banana, hortelã, bolos de queijo, maçã e ameixa, quibes... Ficou com água na boca, né? Mas todas essas guloseimas são destinadas, na verdade, aos totós e bichanos. As delícias são preparadas com ingredientes naturais, que não agridem a saúde dos animais, sem corantes, conservantes químicos, açúcar ou sal. Há seis opções de sabores de bolo, 15 de biscoitos, e a decoração dos pratos é feita com geléias de frutas e legumes. Além disso, cada produto traz no rótulo a quantidade diária que o *pet* pode consumir.

▶ Avenida Lacerda Franco, 92 – Aclimação – Tel.: 3399-3060 – 9 h/19 h (aos sábados até as 18 h; não abre aos domingos)

Ração

Clínica Veterinária Brooklin

"Qual é a melhor ração?" De tanto ouvir seus alunos fazerem a mesma pergunta, o veterinário Régis Cristiano Ribeiro resolveu criar um *software* para tirar todas as dúvidas sobre a alimentação ideal para cada cachorro ou gato. Batizado de NutrOpet, o programa cruza dados como a idade, raça, peso e altura com as informações dadas pelo rótulo da ração consumida pelo bichinho. "Assim, é possível saber se vitaminas e minerais estão faltando, se a comida está deixando o animal obeso e até mesmo calcular a quantidade que deve ser servida por dia", explica Leandro Silva Blasques, também veterinário da clínica. De acordo com o resultado, os doutores podem recomendar rações *light* e *diet* ou uma suplementação alimentar.

▶ Avenida Santo Amaro, 4.337 – Brooklin – Tels.: 5533-3191 e 5533-0819 – 8 h/20 h (sábados e feriados, 9 h/17 h; não abre aos domingos)

Snacks

Filhotes & Fricotes

O que não falta aqui são aperitivos e sobremesas. Tem patê francês de frango ou carne, refrigerante sabor carne, chocolate e "hambúrguer", que, na verdade, mais parece com um biscoito. Para os bichanos, salaminhos importados e a famosa graminha dos gatos, que facilita a eliminação das bolas de pêlo. A loja também tem capinhas de chuva, cintos de segurança e coletes salva-vidas para cães, entre outros acessórios

▶ Shopping Iguatemi – Avenida Brigadeiro Faria Lima, 2.232, 3º piso – Jardim Paulistano – Tel.: 3816-3388 – 10 h/22 h (aos domingos, 14 h/20 h)

Pets roliços

Cachorro gordinho nem sempre é sinônimo de saúde. Pesquisas mostram que 40% dos cães americanos e pelo menos 20% dos brasileiros são obesos, ou seja, estão 20% acima do peso ideal. E de onde vêm essas gordurinhas a mais? A obesidade dos cães pode ser culpa da última pessoa a querer ter um cão gordo: o próprio dono. Geralmente ele acha que a quantidade indicada nas embalagens de ração é muito pequena e turbina o comedouro por conta própria. E também exagera na hora de dar doces, chocolate, pipoca e até refrigerante para o bichinho "experimentar", ou na quantidade de *snacks*, que deveriam ser usados como recompensa. Para os gordinhos, a solução é, antes de tudo, consultar o veterinário. O doutor poderá prescrever uma dieta, rações *light* ou *diet* e vários tipos de exercício.

Giglio

Se o seu cachorro já está enjoado dos ossinhos usados para ajudar na higiene bucal, ele vai adorar esses sabores diferentes. São palitos, barras e bifinhos em cores chamativas e com gosto de morango, menta, queijo, amendoim e até baunilha, além do natural e convencional sabor carne. Os petiscos podem ser usados como recompensa no adestramento e fortalecem a musculatura do animal, além de deixá-lo menos estressado.

▶ Rua Rio Preto, 145 – São Bernardo do Campo – Tel.: 4368-1822 – 8 h/18 h (não abre aos sábados e domingos)

Total Mondo Sommerso

O quiosque vende *snacks* para cães e gatos a granel, em embalagens de 80 a 400 gramas com produtos da Total Alimentos. Para os cachorros, há *nuggets* (biscoitinhos com recheio cremoso) com óleo de menta e eucalipto para combater o mau hálito, outros para melhorar o funcionamento do intestino e ossinhos sabor carne, queijo e calabresa. Os felinos podem se deliciar com *nuggets* também para a higiene bucal, que previnem o aparecimento de tártaro, e petiscos que ajudam a eliminar a bola de pêlo. Há também *snacks* antiodor, que diminuem o mau cheiro das fezes, ideais para animais que vivem em apartamentos.

▶ Shopping Morumbi – Avenida Roque Petroni Jr., 1.089, loja 152, térreo – Morumbi –

Tels.: 5181-6826 e 5181-6685 –
10 h/22 h (aos domingos, 14 h/20 h) –
E-mail: saopaulo@mondopet.com –
Site: www.mondopet.com.br

Capítulo V

HIGIENE E BELEZA

Corte de orelhas

Pet Shop Strauss

Hoje nenhum cão tem que ter as orelhas cortadas para participar de exposições e competições, mas muitos donos ainda preferem dar uma aparadinha nos animais. "Tem gente que prefere mais compridas ou mais rentes à cabeça. Tenho duas *pit bulls* fêmeas e cortei as orelhas de uma do jeito que eu gosto, e da outra como minha mulher prefere, para não dar briga", conta Christiano Ghiraldelli, veterinário e especialista no assunto. Geralmente, além dos *pit bulls*, bóxeres, dogues alemães, *schnauzers* e *pinschers* passam por isso. Mas será que dói? Christiano garante que não, já que o animal recebe anestesia geral inalatória. A recuperação dura dez dias. A cirurgia pode ser feita dos 3 aos 7 meses de vida do cão, pois depois os vasos sangüíneos ficam mais desenvolvidos e o sangramento é maior.

▶ Avenida Engenheiro Jorge Corbisier, 526 – Jardim Jabaquara – Tel.: 5011-1752 – 8 h/19 h (aos sábados até as 16 h; não abre aos domingos)

Dentes

Vetshop

Mau hálito e tártaro são problemas muito comuns entre cães e gatos, principalmente se o animal se alimenta de comida comum em vez de ração.

Dentes cheios de bactérias também podem causar gengivites e até perda óssea. A saída é escovar os dentes das feras. É melhor acostumá-los desde filhotes, e começar com uma escova infantil ou uma dedeira, uma borrachinha com cerdas que se encaixa nos dedos. "Os cachorros grandes têm dentes maiores e mais separados e, por isso, enfrentam menos complicações. Já os menores, com dentes pequeninos e muito juntinhos, requerem uma limpeza mais cuidadosa", explica Mauro Lantzman, veterinário e proprietário da Vetshop. Os mais acostumados com a idéia podem escovar os dentes com pasta sabor menta ou carne, que depois são enxaguadas, ou cremes específicos para combater o tártaro, que permanecem nos dentes. O produto está proibido para gatos, que podem engoli-lo. O dr. Mauro também desenvolve um trabalho psicológico com animais que apresentam desvio de comportamento.

▶ Rua Costa Carvalho, 79 – Pinheiros –
Tel.: 3814-1897 – 9h30/19 h (aos sábados até as 16 h; não abre aos domingos)

Pêlos

Cão Carinho

Não é só gente que tem xampu para cabelos oleosos, secos ou tingidos. Cães e gatos também contam com produtos específicos para cada cor de pelagem. Existem xampus e condicionadores para pêlos brancos, que evitam que fiquem amarelados e encardidos, para a pelagem preta, que impedem que a ação do sol a deixe queimada e avermelhada, e também para cães dourados, para caprichar no brilho. "No caso dos gatos, o mais usado é para a pelagem branca dos persas, que se sujam facilmente", explica a proprietária Simone Stouthandel. O *pet shop* também oferece os chamados lencinhos higienizadores, que funcionam como os lenços para a troca de fraldas dos bebês, mas contêm um bactericida específico para animais e garantem a limpeza de cachorros e bichanos.

▶ Rua Tucumã, 353 – Jardim Europa –
Tel.: 3814-4029 – 9 h/18 h (sábados, 9 h/17 h; não abre aos domingos)

Clínica Morde Cão

Todos os meses, cerca de 30 cães saem da clínica vendo o mundo com outras cores. Eles são tingidos com uma tinta atóxica especial, preparada na própria clínica com corantes alimentícios ou papel crepom. "A tinta é líquida, não tem odor nenhum e é aplicada no animal em um banho de canequinha. Depois, usa-se o secador para fixar a cor", explica Maurílio Franco, responsável pelo banho, tosa e tingimento. Cães de pelagem clara, como *poodles* e malteses, e gatos persas podem ficar com a pelagem rosa, verde, vermelha, azul e amarela. A Morde Cão promove cursos de tingimento, tem um serviço de *buffet* canino para aniversários e casamentos e ainda conta com centro cirúrgico.

▶ Avenida Leôncio de Magalhães, 1.005 – Jardim São Paulo – Tel.: 6971-3387; Rua Heliodora, 358 – Vila Bianca – Tel.: 6979-4871 – 9 h/18 h (não atende aos domingos)

Laviron Boutique Canina

Norival Munhoz foi um dos primeiros profissionais a preparar os animais para competições no Brasil e a tosá-los de acordo com os padrões internacionais. Com toda essa experiência, inovou ao oferecer cortes com desenhos diferentes, como a da bandeira do Brasil e outros símbolos, a pedido dos donos. "Esse tipo de tosa só funciona em animais com pelagem áspera e seca, como *poodles*, *lhasa apsos* ou *cockers*, senão o desenho não aparece", afirma Norival. "Mas se me pedirem algo ridículo, dispenso o serviço. Os cães sentem quando estão sendo humilhados." No caso dos gatos, a tosa é feita geralmente nos persas e só acontece se o pêlo estiver muito cheio de nós.

▶ Rua Chá de Frade, 103 – Mooca – Tel.: 6605-7288; Rua dos Franceses, 152 – Morro dos Ingleses – Tels.: 3262-1914 e 288-1931 – 9 h/18 h (aos sábados até 14 h; não abre aos domingos)

Le Chien

Cães também têm problemas para manter o pêlo longo e bonito. Para garantir uma cabeleira invejável, os fios passam por uma hidratação feita com condicionador, silicone e óleos importados para hidratar bem a base dos pêlos, principalmente os dos animais escuros, que ficam queimados com a ação do sol. "Muitos *pet shops* por aí dão banho nos cachorros com sabão de coco, que acaba com a pelagem do animal", conta Simone Keim, proprietária do Le Chien. Os cachorros brancos podem dizer adeus a pêlos encardidos e amarelados com o clareamento, feito com produtos descolorantes próprios para cães. Os animais que participam de exposições saem com os pêlos enroladinhos em papelotes, que garantem o penteado até a hora do *show*.

▶ Rua Maria Carolina, 659 – Jardim Paulistano – Tels.: 3812-0414 e 3812-0080 – 9 h/18 h (aos sábados até 15 h; não abre aos domingos)

Perfumes

Pet Store

Quer uma garantia de que seu *pet* vai estar sempre cheirosinho? A solução são os perfumes franceses Pet Passion: Cezar, para os machos, Sophie, para as fêmeas, e Bebe, que tem cheirinho de nenê e é feito especialmente para os filhotinhos. O *pet shop* também tem coleiras de *strass*, roupinhas e brinquedos, além dos serviços de banho e tosa.

▶ Alameda Jauaperi, 417 – Moema –
Tels.: 5051-0787 e 5051-8596; Rua Artur de Azevedo, 517 – Pinheiros – Tels.: 3062-6587 e 3083 6587 – 9 h/18 h (aos domingos até 14 h) – Site: www.petstoresp.com.br

Xixi

Cães e Afins

Para dar uma mãozinha para os cães que estão aprendendo a fazer xixi no lugar certo, uma boa opção é o Pipidog. É um líquido com amônia e uréia que atrai os animais e, por causa do cheirinho que só eles sentem, indica que aquele é o local de fazer suas necessidades. Basta pingar algumas gotas no jornal e levar o filhote até ele várias vezes ao dia.

▶ Avenida do Cursino, 3.461 – Vila Gumercindo – Tels.: 5073-9348 e 5073-5252 – 9 h/19 h (não abre aos domingos)

Casa do Fazendeiro

Xixi no tapete, nunca mais! Esse é o lema do Pet Away, um *spray* que serve como repelente para cães e gatos que elegem os lugares menos apropriados para fazer suas necessidades. "Só o animal sente o cheiro do produto, que tem um aroma bem leve de água de coco, e desiste do local", explica Olívio Rocha Alcântara, proprietário da Casa do Fazendeiro. É só limpar o local e aplicar duas vezes por dia, até o sujão aprender. A loja também tem acessórios para cães e gatos e medicamentos veterinários.

▶ Avenida Ricardo Jafet, 1.700 – Vila Mariana – Tels.: 5575-1456, 5575-1803 e 5571-7122 –

8h30/19h30 (aos sábados até as 20 h; não abre aos domingos) – Site: www.casafazendeiro.com.br

Banho de gato

Na verdade, a expressão não tem nada a ver com a longa toalete que o dono pode dar a seu bichano, pois, sim, gatos também tomam banho! E, se for acostumado desde filhotinho, é possível que goste – e muito. Mas antes, é preciso aparar as unhas e limpar as orelhas com água ou uma solução anti-séptica, com a ajuda de um cotonete. Depois, coloque o gato em água quente, a cerca de 38 °C. O truque é segurá-lo com uma mão por aquela pele do pescoço, com a qual a mamãe gata carrega os filhotes, e, com a outra mão, pegar suas patas traseiras. O ritual prossegue com sabonete neutro para tirar as sujeirinhas mais difíceis, xampu e condicionador. Seque o bigodudo com secador de cabelos e finalize com um bom perfume.

Pet Center Marginal

O complexo conta com atendimento veterinário, farmácia, banho e tosa, curso de adestramento e *agility* e um mega *pet shop* com mais de 5 mil itens para cães, gatos, roedores, *ferrets*, pássaros. Entre os produtos estão os tapetes higiênicos para cães, que substituem o jornal na hora do xixi. Eles parecem fraldas descartáveis, com fitas adesivas que os mantêm presos ao chão, e contêm gel, para uma absorção mais rápida. Os tapetes também têm um cheirinho que atrai os cachorros.

▶ Avenida Presidente Castelo Branco, 1.795 –
Bom Retiro – Tel.: 6097-7400 – 24 horas –
Site: www.petcentermarginal.com.br

Capítulo VI

SAÚDE E TERAPIAS ALTERNATIVAS

Especialidades veterinárias

Cepav

A clínica conta com um departamento especializado em detectar e diagnosticar alergias, que atacam os animais especialmente no inverno: enquanto os cães sofrem com irritações na pele, os gatos apresentam problemas respiratórios. O Cepav conta com um método de exame importado dos Estados Unidos. Primeiramente, o bichinho passa por uma avaliação clínica completa para checar se o teste de alergia é mesmo necessário. Depois, o sangue é submetido a vários alergênicos, ou seja, agentes que podem causar alergia, como pulgas, pó, carpete, lã, algodão e até fumaça de cigarro. A clínica realiza também exames de DNA em animais desde 1996, para que os donos possam checar a procedência dos animais que compraram.

► Rua Tanabi, 185 – Água Branca – Tel./fax: 3872-9553 – 8h30/18 h (não atende aos sábados e domingos) – E-mail: info@cepav.com.br – Site: www.cepav.com.br

Clínica Veterinária Edgard Morales Brito

Animais que foram mordidos ou que sofreram com queimaduras ou arranhões já podem contar com a cirurgia plástica a seu favor. A clínica oferece o corte das orelhas e da cauda, por motivos estéticos ou de saúde. Os principais clientes são *schnauzers*, bóxeres, *dobermanns, pit bulls* e dogues alemães.

Há também cirurgias mais comuns, como cesarianas e extração de tumores.

▶ Rua Hugo Carotine, 253 – Butantã – Tels./fax: 3721-8996 e 3721-1019 – 9h30/18 h (aos sábados até as 12 h; não atende aos domingos) – E-mail: embrito@terra.com.br – Site: www.edgardbrito.com

Clínica Veterinária Oswaldo Pasqualin

As duas especialidades da clínica são ortopedia e aberrações de comportamento. Os animais pedem cuidados ortopédicos geralmente por causa de atropelamentos, defeitos de crescimento e quedas de lugares muito altos. Nesse caso, a recuperação pode ser agilizada com aparelhos para imobilização e talas e, dependendo da gravidade, a cirurgia pode ser a única solução. Já os problemas que ficam a cargo da outra especialidade da clínica são bem famosos entre os donos: o tratamento é feito com cães que mordem o dono da casa, destroem tudo que vêem pela frente, acham que a família é seu maior inimigo e chegam a comer as próprias fezes. O cão é treinado para perder os hábitos malucos e depois é condicionado para outras atividades, tudo com o apoio dos donos.

▶ Rua Conselheiro Rodrigues Alves, 635 – Vila Mariana – Tels.: 5573-0045 e 5571-2072 – 9 h/19 h (aos sábados até as 18 h; não atende aos domingos)

Dr. Dalton Alexandre Ishikawa

Especializado em pediatria canina, o veterinário acompanha seus pacientes desde o primeiro mês de idade e, além de atuar na prevenção de doenças, também presta consultoria à nova família do filhote. "Muita gente diz que prefere deixar para adestrar depois, mas se esquecem que isso deve ser feito primeiro por causa do ambiente interno, e não somente o externo", explica Dalton. Ele acompanha o comportamento do cãozinho, dá toques para impedir que ele faça xixi no lugar errado e dicas para evitar a agressividade na idade adulta. Para a maior comodidade de seus minipacientes, o veterinário também atende em domicílio, a bordo de um furgão equipado com escrivaninha, cadeira, armários com várias divisórias e gavetas, climatizador de ambiente, caixas para transporte de animais, balança, focinheiras, além de medicamentos, o que ajuda o dr. Dalton a driblar o trânsito no dia-a-dia.

▶ Avenida São José, 1.400 – Vila dos Remédios – Tels.: 3687-0364 e 9945-5680 – Bip: 3444-4545, código 46455 – 9 h/17 h (aos sábados até as 15 h; não atende aos domingos) – E-mail: dr_dalton@pediatriacanina.com.br – Site: www.pediatriacanina.com.br

Expansão Laboratório de Tecnologia Terapêutica

Como trazer mais alegria à vida de um bichinho que não consegue mais se locomover? O *designer*

George Guarany Philot e a terapeuta ocupacional Gisleine Mertin Philot aceitaram o desafio quando um cliente chegou com um cãozinho que tinha as patas traseiras atrofiadas. Acostumados a fabricar equipamentos especiais para crianças e adultos com paralisia cerebral, eles desenvolveram a cadeira de rodas para o bichinho. São carrinhos especiais, feitos sob medida, para animais que sofreram acidentes ou atrofia dos membros. Eles fazem também próteses, e o trabalho não se limita a cães e gatos: até um jabuti que despencou de um lugar muito alto ganhou um carrinho.

▶ Via das Magnólias, 91 – Jardim Colibri – Cotia – Tels.: 4702-6302 e 4612-3319 – 8h30/17h30 (aos sábados, 9 h/12 h; não abre aos domingos)

Hospital Veterinário Rebouças

Eletrocardiograma, raio X, ultra-sonografia... Nada como um *check-up* completo para assegurar a saúde de gatos e cachorros. Aqui eles podem fazer todos esses exames, cujos procedimentos são iguaizinhos aos realizados em seres humanos, desde que tenham o pedido do veterinário. A ultra-sonografia deve ser marcada com antecedência, mas o eletrocardiograma e o raio X podem ser feitos na hora.

▶ Avenida Rebouças, 861 – Jardins –
Tel.: 3062-3011 e fax: 3082-0059 – 24 horas –
E-mail: vetreboucas@vetreboucas.com.br

Hospital Veterinário Sena Madureira

Para garantir uma gravidez tranqüila de sua cachorra, nada melhor que começar o pré-natal assim que se souber a boa notícia. Os veterinários do Sena Madureira acompanham a saúde da nova mamãe com exames, ultra-som e uma dieta específica. O parto também pode ser realizado lá. "Se o dono estiver na dúvida, especialmente se for a primeira cria da fêmea, é mais seguro deixá-la sob cuidados profissionais", afirma Mário Marcondes dos Santos, diretor clínico. Durante o trabalho de parto, os veterinários monitoram os batimentos cardíacos da mãe e o posicionamento do feto, caso seja necessário fazer uma cesariana. Os filhotes prematuros vão direto para as incubadoras, que os mantêm na temperatura certa. O Sena Madureira conta com mais de 40 profissionais, entre cirurgiões, anestesistas, fisioterapeutas, radiologistas e clínicos.

▶ Rua Sena Madureira, 898 – Vila Mariana –
Tel.: 5572-8778 – 24 horas –
Site: www.senamadureira.com

Odontovet

Seu *pet* deve estar morrendo de vontade de se livrar daquele sorriso amarelo. Na Odontovet, clínica especializada em odontologia veterinária, os dentistas cuidam dos cães com problemas de tártaro, fazem tratamento de canal e até colocam aparelho. A clínica atende de quatro a cinco cães e gatos por dia. Os pacientes da clínica também incluem coelhos, chinchilas, sagüis e *hamsters*.

▶ Avenida Magalhães de Castro, 12 – Ponte Cidade Universitária – Tels./fax: 3816-2450 e 3813-3745 – 8 h/17 h (não atende aos sábados e domingos) – E-mail: odontovet@odontovet.com – Site: www.odontovet.com

Pet Pillow

Graças aos avanços da medicina veterinária e aos bons tratos que muitos cães recebem em casa, sua expectativa de vida está aumentando e pode chegar a 15 anos! E se o homem não tem que se preocupar até os 40 anos de idade, os sete anos são a hora da verdade para esses animais, que devem fazer um *check-up* anual, incluindo eletrocardiograma e exame de sangue para controlar as funções hepáticas e renais dos bichinhos. As doenças mais comuns entre os cães da velha guarda são problemas cardíacos, neurológicos ou de coluna, insuficiência renal ou hepática, artrose, bico-de-papagaio, surdez, cegueira e câncer de mama ou de testículo. A Pet Pillow tem uma orientação especializada em geriatria canina.

▶ Rua Vieira Maciel, 67 – Jardim Paulista – Tel./fax: 3885-6185 e bip: 3037-8330, código 8668 – 9 h/22 h (aos sábados até as18 h; não atende aos domingos)

Provet

Nesse laboratório especializado em diagnóstico veterinário, seu *pet* pode fazer exames de ultrasom, raio X, ecocardiogramas e eletrocardiogramas. Os médicos são extremamente pacientes e o pessoal da limpeza não se cansa de limpar os xixis e cocôs que os animais fazem enquanto esperam para ser atendidos. E não se assuste ao encontrar um grupo de chimpanzés batendo papo na sala de espera. É que o laboratório também costuma receber os animais do Zoológico de São Paulo.

▶ Avenida Aratãs, 1.009 – Moema – Tel.: 5055-1427; Avenida Guilherme Giorgi, 97 – Vila Carrão – Tel.: 6942-7404 – 8 h/21 h (aos sábados até as 16 h; não atende aos domingos) – E-mail: provet@provet.com.br – Site: www.provet.com.br

Very Important Pet

Seus bichinhos podem não usar óculos, mas cães e gatos também sofrem com problemas oftalmológicos que podem provocar a cegueira, como a catarata e o glaucoma. Para o tratamento dessas doenças, os animais passam primeiro por um teste: coloca-se obstáculos dentro de uma sala para o animal desviar. Se ele não conseguir, passará por um exame mais detalhado do globo ocular. Para que o quadro não fique ainda pior, a clínica, que é especializada em oftalmologia e já atendeu até macacos e coelhos, realiza cirurgias. Correção de pálpebras também são comuns.

▶ Rua José Félix de Oliveira, 1.197 – Granja Viana – Tel./fax: 4702-7254 – 9 h/20 h (aos sábados até as 17 h; não atende aos domingos)

Vet Imagem

Os *pets* também não escapam dos problemas de pele, irritante para cachorros, gatos, iguanas e até cobras. A Vet Imagem faz vários testes (incluindo exames enviados para os Estados Unidos) para descobrir as causas de alergias dos animais. A doença mais comum entre os pacientes é a dermatite crônica.

▶ Avenida Pompéia, 500 – Pompéia – Tel./fax: 3873-6740 – 9 h/19 h (aos sábados até as 16 h; não atende aos domingos) – E-mail: infooeste@vetimagem.com.br – Site: www.vetimagem.com.br

Hospitais veterinários

Hospitais universitários

Todos os bichos merecem tratamento veterinário de primeira, mas geralmente o preço cobrado pelas clínicas e hospitais particulares não ajuda muito. Uma boa alternativa são os chamados "hospitais-escola" das universidades. onde os animais são atendidos por alunos e professores. Veja onde encontrá-los.

▶ Hospital Veterinário Anhembi Morumbi – Rua Conselheiro Lafaiete, 64 – Brás – Tel.: 6090-4641 – 8 h/18 h, por ordem de chegada (aos sábados até as 12 h; não atende aos domingos) – Neurologia, cardiologia, dermatologia, oncologia, oftalmologia, ortopedia, fisioterapia, endocrinologia, fisioterapia e exames de sangue e urina. Não tem internação.

▶ Umesp – Avenida Dom Jaime de Barros Câmara, 1.000 – Tel.: 4366-5305 – 8 h/19 h, por ordem de senhas distribuídas a partir das 8 h (aos sábados até as 12 h; não atende aos domingos) – Atendimento ambulatorial e internação.

▶ UNG – Rua Anton Philips, 1 – Vila Hermínia – Guarulhos – Tel.: 6424-1616 – 8 h/17 h, com hora marcada (não atende aos sábados e domingos) – Consultas, exames, raio X. Não tem internação.

▶ Uniban – Avenida Dr. Rudge Ramos, 1.701– São Bernardo do Campo – Tel.: 4362-9064 – 8 h/18 h (não atende aos sábados e domingos) – Consultas, centro cirúrgico, ultra-som, hemograma, exame de urina, eletrocardiograma. Não tem internação.

▶ Unip – Rua Tenente Júlio Prado Neves, 965 – Tremembé – Tel.: 6262-1441 – 8 h/17 h, com hora marcada (não atende aos sábados e domingos) – Consultas. Não tem internação.

▶ USP – Avenida Prof. Dr. Orlando Marques Paiva, 87 – Cidade Universitária – Tel.: 3091-1248 – 8 h/14 h (não atende aos sábados e domingos) – Consultas e exame de sangue. Não tem internação.

Pet Care Hospital Veterinário

Centro cirúrgico com anestesia inalatória, serviço de odontologia, oftalmologia e fisioterapia, salas de raio X, ultra-sonografia... Além da consulta veterinária e do diagnóstico clínico detalhado, o Pet

Care realiza todo o tratamento necessário para cachorros e gatos. O hospital também conta com uma unidade de terapia intensiva (UTI) e tem 27 veterinários e 38 funcionários que chegam a atender 80 animais por dia.

Enquanto o doutor não vem

Como você pôde ver, a cidade está repleta de profissionais das mais variadas especialidades veterinárias. Mas o que fazer enquanto a ambulância não chega? Veja as dicas de primeiros socorros da dra. Lígia de Alcântara, do *pet shop* Animania.

Insolação: Leve o animal para um local fresco e ventilado. Para baixar a temperatura, mergulhe-o em água fresca ou molhe-o, mas nunca com água gelada, para não causar choque térmico. Se necessário, faça uma respiração boca-a-focinho, soprando em suas narinas a cada cinco segundos.

Cortes e mordidas: Faça pressão com um pano limpo até que pare de sangrar e lave bem com água e sabão neutro.

Queimaduras: Nada de pomadas: só água corrente, por aproximadamente 20 minutos.

Picada de cobra: Coloque gelo no local e faça o possível para que o animal não se mova.

Envenenamento por via oral: Não provoque vômito. Corra para o veterinário e leve a substância que ele ingeriu.

Fraturas e traumatismos: Carregue-o de forma que a coluna não desalinhe e faça o mínimo de movimento possível com ele.

▶ Avenida Giovanni Gronchi, 3.001 – Morumbi – Tel.: 3743-2142 – 8 h/22 h (sábados e domingos até as 18 h; plantão 24 horas) – E-mail petcare@petcare.com.br

Oferece o mesmo serviço:

▶ Koala Hospital Animal – Avenida Santo Amaro, 1.408 – Vila Olímpia – Tel.: 3845-3244 – 24 horas – Site: www.koalahospitalanimal.com.br

Inseminação artificial

Dras. Sandra Satzinger Meyado e Luciana Godoy

Nem sempre é fácil encontrar o par perfeito para que sua cachorrinha ou gatinha possa cruzar. Às vezes as moçoilas são tímidas, custam a ir com a cara do príncipe encantado ou simplesmente falta libido. Em outras, o cansaço físico da idade não permite essas aventuras, e, no caso de raças pequenas, o macho simplesmente não alcança a fêmea. Para resolver esses problemas, já é possível fazer inseminação artificial. O sêmen do novo papai é recolhido manualmente pelo veterinário e injetado na cadela com uma pipeta de inseminação. "A fecundação com sêmen fresco, recém-tirado, tem quase tantas chances de sucesso quanto a fecundação normal", explica a veterinária Sandra Satzinger Meyado. O procedimento é indolor e leva de cinco a dez minutos. As doutoras atendem em domicílio.

▶ Tels.: 9598-7890 e 9790-7335 – 9 h/18 h (não atendem aos sábados e domingos) – (Não divulgam o endereço)

Terapias alternativas

Centro Médico Veterinário

A medicina convencional pode inibir os sintomas de vários distúrbios, mas nem sempre cura casos como bichos com medo de tempestade, intoxicações provocadas pela urbanização ou fêmeas que rejeitam os filhotes. É aí que entra a homeopatia, em tratamento oferecido pelo Centro Médico Veterinário. As drogas de efeito imediato são necessárias apenas no caso de doenças cancerígenas ou edema pulmonar agudo.

▶ Rua Heitor Penteado, 2.135 – Pompéia – Tel./fax: 3672-3633 – 9 h/21 h (sábados e domingos até as 18 h)

Oferece o mesmo serviço:

▶ Dr. Célio Hiroyuki Morooka – Avenida Fagundes Filho, 1.021 – Saúde – Tels.: 5585-9428 e 276-2692 – 9 h/12 h; 14 h/18 h (aos sábados até as 15 h; não atende aos domingos) – Caso o dono do paciente não possa pagar pela consulta, é encaminhado à Escola Paulista de Homeopatia, onde as consultas são gratuitas.

Clínica Doutor Nelson Eiti Kimura

A acupuntura é um método alternativo para tratamento de animais que está ganhando cada vez mais espaço. Na clínica, as agulhas de sete centímetros de comprimento, que são mais fáceis de ser localizadas nos pêlos de cães e gatos, são geralmente aplicadas para combater dores lombares, mas a prática também é indicada para casos de epilepsia e distúrbios respiratórios. A duração do tratamento depende do paciente, mas em geral é de até 12 aplicações mensais, de meia hora cada.

▶ Rua Edvard Carmilo, 911 – Jardim Celeste –
Tel.: 3751-9941 – 9 h/17 h (não atende aos sábados e domingos)

Dra. Hannelore Fucks

Veterinária e psicóloga de animais, ela atende de 20 a 30 cães e gatos por mês em seu consultório. Em sessões que duram 90 minutos, a dra. Hannelore ajuda a selecionar problemas como cães ciumentos que insistem em se sentar entre o dono e a dona. Segundo ela, seu trabalho trata psicologicamente o animal em função do seu dono e do ambiente em que vive. "É por isso que eu visito a casa ou chamo a família inteira, incluindo os empregados e, dependendo do caso, também tento mudar o comportamento do dono do bichinho", conta. Também trabalha com homeopatia e florais de Bach.

▶ Rua Corumbá, 109 – Sumaré –
Tel.: 3865-2940 e fax: 3872-8402 –

Atendimento somente com hora marcada – E-mail: fucks@amcham.com.br

Oferece o mesmo serviço:

▶ Paulo Costa – Rua Mergenthaler, 232 – Vila Leopoldina – Tels.: 3644-3168 e 9364-7026 – Atendimento somente com hora marcada – E-mail: celtikennel@ig.com.br – É adestrador e faz tratamento comportamental com animais.

Pet Place Centro Veterinário

Que tal relaxar em uma piscina quentinha para se recuperar de uma cirurgia ou de dores musculares? Seu cachorro dificilmente vai achar que existe uma idéia melhor. Aqui, os animais se movimentam dentro d'água para tratar atrofias e espasmos musculares, sem o impacto dos exercícios comuns. Labradores, *cockers* e *poodles* adoram a folia, mas não se preocupe se seu totó tem medo de piscina: ele fica preso a um flutuador, para que seja retirado da água em casos de emergência. "Com uma carga de peso bem menor, fica mais fácil tratar problemas nas articulações e fortalecer a musculatura dos animais", explica a veterinária Audrey Kavaguchi, que também administra sessões de fisioterapia para os bichinhos.

▶ Rua Henry Dunat, 755 – Chácara Santo Antônio – Tels.: 5181-6866 e 9717-3804 – 9 h/18 h (aos sábados, até as 13 h; não atende aos domingos)

Petsqueeze

Hidromassagem e terapia com florais de Bach são apenas algumas das alternativas para deixar os cachorros – e, conseqüentemente, os donos – calminhos, calminhos. Os totós também podem relaxar em um banho de ofurô, imersos em água quente na tina de madeira com direito a essências e pétalas de rosa. O *pet shop* oferece ainda massagens orientais, indicadas para dores, e sucoterapia, à base de extrato de clorofila, para problemas de desnutrição.

▶ Alameda dos Tupiniquins, 232 – Moema –
Tel.: 5051-9675 – 9 h/18 h (aos sábados, 8h30/17 h; não abre aos domingos)

Capítulo VII
MIMOS

Astrologia e numerologia

Edgard Reymann

Fascinado desde criança por astrologia, Edgard ingressou na área como autodidata, tendo feito inclusive cursos com Liz Greene, uma das mais respeitadas astrólogas modernas. Assinou a coluna de Horóscopo da revista *Contigo*, mas descobriu o outro lado dessa ciência ao fazer previsões para animais de estimação da extinta revista *Focinhos*. "É bobagem achar que um *pit bull* de Peixes vai morder menos que um de Áries, por exemplo, mas a astrologia pode ajudar a compreender melhor o comportamento do animal e tornar a convivência mais pacífica", conta Edgard. Além das previsões, também faz o mapa astral de cães e gatos.

▶ Tel.: 9379-6683 – (Não divulga o endereço) – E-mail: horospet@yahoo.com

Espaço Cultural & de Vivência Conheça-te

"Meu filho não coloca nome em nenhum bicho sem me consultar", conta Márcia Pugliesi, numeróloga e terapeuta humanista. "Tudo começou quando as pessoas vinham se consultar comigo e pediam que eu fizesse a análise de seus animais também." Segundo ela, a energia da combinação das letras de um nome não afeta somente a vida das pessoas, mas também a dos bichos. Márcia analisa os nomes de gatos, cachorros, cavalos, tartarugas e outros *pets* e ainda ministra cursos e palestras sobre numerologia.

▶ Rua Guapiaçu, 202 – Vila Mariana –
Tels.: 5583-1469 e 5581-6593 – 9 h/18 h –
E-mail: consulta@marciapugliesi.pro.br –
Site: www.marciapugliesi.pro.br

Book fotográfico

Lionel Falcon

Depois de trabalhar para celebridades como Gloria Stefan e Julio Iglesias, o fotógrafo profissional Lionel Falcon resolveu seguir sua carreira com modelos, vamos dizer, mas peludos. Começou então a fazer *books* com fotos de animais. "Eles não pedem nada em troca, só querem carinho, são mais espontâneos e não têm gente histérica em volta", diz o argentino, que vive no Brasil desde 2001. A maioria dos seus modelos é de cães e gatos, mas até iguanas já ganharam seu *book*. Seu estúdio fica no Pet Center Marginal. Para que seu *pet* tenha um dia de Gisele Bündchen, é preciso agendar o ensaio e levar o bichinho. O dono escolhe as cinco melhores fotos das 12 ou 15 tiradas durante a sessão.

▶ Avenida Presidente Castelo Branco (Marginal do Tietê), 1.795 – Pari – Tels.: 6097-7400 e 9829-0993 – 10 h/22 h (aos sábados, 9 h/21 h; aos domingos, 9 h/18 h) –
E-mail: lionelfalcon@yahoo.com –
Site: www.lionelfalcon.hpg.ig.com.br

Oferecem o mesmo serviço:

▶ Fotobicho – Tel.: 6605-6007 – 8 h/18 h (não atende aos sábados e domingos. Faz atendimento domiciliar.) – (Não divulga o endereço) – Site: www.fotobicho.com.br

▶ Eufrate Ameida – Tels.: 5081-5081 e 9431-8171 – 8 h/18 h (não atende aos sábados e domingos. Faz atendimento domiciliar.) – (Não divulga o endereço)

Livros

Libra Três Projetos Editoriais

Os cães crescem tão rápido! Como lembrar do primeiro banho, da casinha que já foi destruída ou do primeiro passeio no parque? Para eternizar esses momentos, as irmãs Dora Busato Mendes e Sonia Busato Udiloff criaram o *Álbum do meu cãozinho*. É um livro com informações e cuidados básicos sobre seu animal de estimação, além de lugares especiais para colocar as fotos, em páginas ilustradas com cachorrinhos de *biscuit* feitos por Sonia. "Eu tinha tido bebê recentemente e vivia às voltas com o 'álbum do bebê', anotando tudo o que o meu filho fazia. Então resolvemos fazer um álbum onde as pessoas pudessem escrever tudo sobre a vida dos seus cãezinhos e guardar fotos", explica Dora. O livro tem o aval técnico e prefácio do zootecnista Alexandre Rossi.

▶ Rua Croata, 427 – Lapa – Tel.: 3871-2694 – 9 h/17 h (não abre aos sábados e domingos) – E-mail: albumcao@hotmail.com

Ponto de encontro

Pet Maniacs

Imagine um lugar em que se pode saborear um bate-papo acompanhado por um *cappuccino*, enquanto seu cachorro se delicia com hambúrgueres, refrigerante sabor carne e outras guloseimas. É a "Cãofeitaria" da Pet Maniacs. "Geralmente as pessoas ficam em pé esperando a tosa ou o banho do cachorro acabar. Pensamos que seria legal criar um lugar mais confortável e onde elas também pudessem trocar idéias com outros 'cachorreiros'", relata Rosimara Donadio, uma das proprietárias. O local funciona como *buffet* para festas de aniversário e casamento dos *pets*, se o número de convidados for pequeno. Para os bichinhos mais "zen", há um livro de numerologia para animais e CDs de músicas relaxantes. A Pet Maniacs conta com serviços de banho e tosa e clínica veterinária, serviço de "táxi-dog" e convênio com hoteizinhos, creches e escolas de adestramento.

▶ Rua Tucuna, 929 – Perdizes – Tel.: 3872-1980 – 9 h/18h30 (aos sábados, 9 h/17 h; não abre aos domingos) – Sites: www.petmaniacs.com.br e www.petmaniacs.com.br/portal

Roupas e acessórios

Ascend Global

Para os filhotinhos manhosos que ainda sentem falta da mãe a solução é uma mamãe de mentirinha. É o Snuggle Puppie, uma cadela de pelúcia que vem com um coração a pilha que imita os batimentos cardíacos do animal e acalma os cãezinhos. O "calor materno" vem em forma de dois sachês de um produto químico que esquenta instantaneamente em contato com o oxigênio e duram 24 horas. Depois, pode-se usar uma bolsa térmica que vem junto com o produto, enchê-la de grãos de arroz e esquentá-la no microondas. Em seguida, é só colocar a bolsa dentro da barriga da "mamãe".

▶ Rua Marco Aurélio, 325/329 – Lapa –
Tel.: 3873-3122 – 8 h/18 h (não abre aos sábados e domingos)

Casa do Gato

Aqui os gatos são os donos do pedaço desde 1996. Além de ter um gatil com venda de filhotes de persas, a Casa do Gato é o único "*cat shop*" do Brasil. As vendas são feitas por telefone ou e-mail e é possível comprar cestinhos, brinquedos, caminhas, *kits* higiênicos e até uma papinha feita especialmente para filhotes, além de objetos de decoração inspirados nos felinos. A proprietária Marisa Paes também promove o curso de "gatoterapia", que estimula os bichanos a relaxarem e a se autoconhecerem por meio do relacionamento com companheiros da espécie.

▶ Tel.: 6198-0854 – 9 h/18 h (aos sábados, 10 h/ 14 h; não abre aos domingos) – (Não divulga o endereço) – E-mail: vendas@casadogato.com.br – Site: www.casadogato.com.br

Companhia dos Bichos

Ir às compras acompanhados de seu melhor amigo fica mais fácil se o gato ou cãozinho for ao *shopping* confortavelmente acomodado em uma bolsa. Confeccionadas em sarja, tactel e algodão, as sacolas têm uma abertura que permite que o animal fique com a cabeça para fora para apreciar o passeio e vêm com um apetrecho para prender a coleira e evitar fugas. Na Companhia dos Bichos também se pode encontrar *kits* de *nécessaires* transparentes, de tecido e verniz com compartimentos para escova de dente, xampu, cobertorzinho, escovas e outros apetrechos que o bichinho leva nas viagens. Para os mais estressados, há banheiras de ofurô à venda, em dois tamanhos.

▶ Avenida Aclimação, 592 – Aclimação – Tel.: 3341-5186 – 8h30/19h30 (aos sábados, 10 h/14h30; não abre aos domingos)

Oferece o mesmo serviço:

▶ Pet Stop – Rua Baronesa de Itu, 495 – Higienópolis – Tel.: 3826-6564 – 9 h/16 h (às sextas, 8h30/16 h; sábados, 8h30/14 h; não abre aos domingos)

Grifes & Design e Louis Vuitton

Muito luxo para deixar seu cachorro ou gatinho "chiques no último". Além de coleiras e guias com monograma LV, a badalada grife Louis Vuitton também tem as sacolas Sac Chien, próprias para levar o animalzinho para as compras no *shopping*. Já na Grifes & Design, você pode encontrar um verdadeiro prato de rei para o *pet*. A loja especializada em objetos de decoração das mais badaladas grifes do mundo trouxe para o Brasil um comedouro de porcelana com detalhes em ouro, da Versace.

▶ Louis Vuitton – Rua Haddock Lobo, 1.587 – Jardins – Tel.: 3088-0833 e fax: 3083-4126 – 10 h/19 h (aos sábados, até as 18 h; não abre aos domingos) – E-mail: lvadoc@lvna.com – Site: www.vuitton.com

▶ Grifes & Design – Alameda Gabriel Monteiro da Silva, 795 – Jardim Paulistano – Tel.: 3062-1251– 10 h/19 h (aos sábados até as14 h; não abre aos domingos)

Palo Verde

Cães também sofrem com os efeitos da radiação solar nos olhos, que pode causar irritação e até lesões na superfície ocular. Para proteger os olhinhos de seu cachorro, nada melhor que um bom par de óculos escuros. Os "Doggles" parecem óculos de natação e vêm com dois elásticos: um passa por trás das orelhas e o outro, por baixo do queixo. Importados, custam em média 70 reais, vêm em três tamanhos e cores para todos os gostos caninos.

▶ Rua Pamplona, 1.329 – Tel: 3884-1399 – 9 h/18h30 (aos sábados, 8h30/13 h; não abre aos domingos) – Site: www.paloverde.com.br

Qualipet

Cachorro dormindo no chão é coisa do passado: com certeza ele vai preferir dormir em um colchão semi-ortopédico, que reduz o impacto e previne a formação de calos nas articulações do animal. Aqui o colchão pode ser encontrado em vários tamanhos e cores.

▶ Rua Serro Corá, 475 – Vila Madalena – Tel: 3022-3045 – 8h30/20 h (não abre aos domingos)

Stooby Dog Moda e Estética Canina

Já se foi o tempo em que cachorros se contentavam apenas com os cuidados do veterinário e um trato no visual com banho e tosa. Agora que São Paulo já tem mais *pet shops* do que farmácias e padarias – praticamente um em cada esquina –, os clientes querem estilo e sofisticação. Que tal tirar uma soneca em um bercinho de vime ou em um sofá-cama? Ou um guarda-roupa exclusivo para sair de moto por aí? A Stooby Dog também oferece capas de chuva e até roupões felpudos para sair do banho.

▶ Rua do Livramento, 213 – Paraíso – Tel.: 3885-8943 – 8 h/18 h (não abre aos domingos)

Capítulo VIII
FÉRIAS

Creche

Pet Life Centro de Bem-Estar Animal

Os hoteizinhos para animais já não são mais novidade, mas onde deixar o melhor amigo enquanto o dono está trabalhando? Uma boa solução é a creche, em que o cachorro pode ficar o dia inteiro ou apenas meio período. Os donos preenchem uma longa ficha com as preferências de lazer e alimentação do cão que, durante esse tempo, recebe alimentação, toma banhos de sol e brinca ou passeia em uma pracinha com os funcionários da creche. "Se o cachorro fica só em casa, sem fazer nada, fica entediado e estressado. Aqui ele pode fazer várias atividades e se sociabilizar com outros cães", explica Renata de Menezes Coriglia, veterinária e também proprietária do Pet Life. O Centro também tem hospital 24 horas com opção de tratamentos alternativos, como acupuntura, florais e homeopatia, hotel, *pet shop* com banho e tosa e centro de adestramento em obediência, do básico ao avançado.

► Rua Visconde de Nacar, 147 – Real Parque – Tel.: 3758-1366 – 24 horas; creche: 8 h/20 h (não abre aos sábados e domingos)

Documentação para viagens

Clínica Veterinária Márcia Perillo

Vai levar o cachorro ou gatinho junto em sua viagem de avião? Então é preciso providenciar uma Guia de Trânsito Animal (GTA), exigida pelo Ministério da Agricultura e que, na verdade, também deveria ser levada em viagens de carro, ônibus e trem. No entanto, a fiscalização não é rigorosa nesses casos. Para obter a guia é preciso providenciar um atestado de saúde assinado por um médico veterinário e a carteira de vacinação com a anti-rábica em dia. A GTA tem validade de três a oito dias e é preciso uma para a ida e outra para a volta, mesmo que a primeira não tenha vencido. Um dos locais que emitem essa guia é a Clínica Veterinária Márcia Perillo. Se a viagem for para o exterior, é necessário um Certificado Zoossanitário Internacional (CZI), expedido pelas delegacias locais do Ministério da Agricultura.

▶ Rua Harmonia, 1.070 – Vila Madalena –
Tel.: 3819-5721 – 8 h/19 h (aos sábados,
9 h/14 h; não atende aos domingos)

Hotéis

Cãotry Club Hotel

Durante as viagens de férias, que tal matar a saudade de seu cachorro ou gatinho? Os boxes individuais para cães do Cãotry Club Hotel são equipados com câmeras que podem ser acessadas pelos donos por meio da internet. O dono recebe uma senha e pode acompanhar o animal não só no quarto, mas na piscina, pátios e outras dependências do hotel, sendo até possível oferecer um "mimo virtual". "Quando o dono percebe que o animal está tristinho, pode mandar um *e-mail* ou mensagem para o *bip* dos funcionários, que dão um petisco ao bichinho", conta Carlos Alberto Marcondes, um dos proprietários. Os cães ficam em boxes com quarto e solário. Já os gatos, mais arredios, descansam em gatis mais fechados e com proteção acústica. Os animais ainda contam com um *spa* com esteira e piscina aquecida e atendimento veterinário 24 horas.

Um passageiro muito especial

É só pensar em cachorro viajando de carro com a família que já vem à mente a imagem de um ser peludo com a cabeça para fora da janela e a grande língua ao vento. No entanto, ele pode pegar um resfriado, conjuntivite, ferir os olhos com algum objeto voador, ser atingido por outro carro ou moto... Para evitar esses problemas e não atrapalhar o motorista, o cão deve ser levado em uma caixa de transporte própria para cachorros, ou preso ao banco traseiro com cintos de segurança especiais para eles. Outra opção para as raças maiores é uma grade que separa o carro em dois ambientes diferentes. As caixas de transporte também valem para os gatinhos. Para que os animais não vomitem, nem fiquem com vontade de fazer suas necessidades durante a viagem, o ideal é deixá-los em jejum. E não se esqueça de parar a cada três horas, em um local com sombra, para dar água a eles. Os cães podem aproveitar para dar uma voltinha e fazer xixi.

▶ Rua Padre Machado, 1.155 – Bosque da Saúde – Tels.: 5081-7862 e 5573-4445 – 9 h/18 h – Site: www.caotryclub.com.br

Clube de Cãompo

Esse hotel-fazenda vai virar o destino predileto de seus cães durante as férias. Depois de passar por um *check-up*, os cachorros são hospedados em chalés individuais (dez metros quadrados), com quarto e solário, uma área externa para banhos de sol. Dentro do chalé há um bebedouro automático com água fresquinha a toda hora. Os hóspedes têm direito a dois passeios diários, no mínimo, e brincam à vontade nos 40 mil metros quadrados de área verde. Os proprietários e veterinários Jacira Moraca e Aldo Macellaro Júnior ainda oferecem serviço de *spa* canino, com dieta especial e exercícios específicos para os mais roliços, transporte para buscar e levar o cachorro e assistência veterinária 24 horas por dia. O prazo de hospedagem é definido pelo dono. Mas atenção: o clube só aceita cães com todas as vacinas em dia; animais extremamente agressivos não entram.

▶ Rodovia Marechal Rondon, km 94,5, Estrada de Itu-Jundiaí – Pedregulho – Tels.: 4025-0775 e 9665-6745 – 8 h/18 h (não abre aos domingos) – E-mail: aldo@clubedecaompo.com.br – Site: www.clubedecaompo.com.br

Pet sitters

Priscila Motta Mello

Quando era criança, Priscila queria levar para casa todos os gatos que encontrava pela rua. Desde 1990, a *cat sitter* pode matar a vontade de ficar com os bichanos cuidando deles nas casas dos próprios donos, na região da Vila Mariana. "Verifico a água e a comida, troco a areinha e também dou colo. Se eu perceber que querem companhia, fico o tempo que for necessário", conta. Na casa dela, todas as atenções são voltadas para o vira-lata Guilherme, um gatão preto que jura não morrer de ciúmes.

▶ Tel.: 5574-8182 – 9 h/17 h (não atende aos sábados e domingos) – (Não divulga o endereço) – E-mail: priscila@petbrazil.com.br – Site: www.petbrazil.com.br

Susana Giraudon Monteiro

Pet sitter é a solução para quem não tem onde deixar seu melhor amigo quando vai viajar ou está sem tempo para levá-lo ao veterinário. Susana leva os bichos para passear e toma conta de animais de pequeno, médio e grande porte, se forem mansinhos, na casa do próprio dono. Também é possível deixar seu cão ou ave na casa dela. Se o dono for viajar, é preciso fazer a reserva com certa antecedência, para que ela se familiarize com os animais.

▶ Rua Ipiranga, 647 – Jardim Aeroporto –

Tels.: 5031-5259 e 9261-1990 – Atendimento com hora marcada.

Transporte

Táxi-Dog

Levar o bicho ao veterinário, ao psicólogo, ao hotel, à creche, à exposição... Se estiver faltando tempo para tudo isso, o Táxi-Dog leva o cachorro ou gatinho para você. "Mas é preciso prestar atenção aos horários de pico do trânsito, nas horas de maior exposição ao sol, e orientar o dono para não alimentar o animal, para que ele não sofra", adverte Solange que, junto com o sócio Fábio, transporta os peludos por toda a capital, interior e litoral de São Paulo. O valor é cobrado por quilometragem. Eles também emitem a GTA – Guia de Trânsito Animal.

▶ Tels.: 9241-7765 (Solange) e 9397-0475 (Fábio) – 8 h/20 h, com hora marcada. – (Não divulga o endereço)

Oferece o mesmo serviço:

▶ Eduardo Passeri – Tel.: 9906-5814 – 24 horas – (Não divulga o endereço) – Site: www.taxidog.kit.net – Transporta os animais para o interior e litoral de São Paulo, Minas Gerais e Rio de Janeiro, dentro de um raio de quatro horas de viagem.

A autora

Ana Paula Corradini é paulista e nasceu em 1978. É jornalista e já colaborou com as revistas *Superinteressante* e *Saúde!*. Como repórter da *Revista dos Curiosos*, aprendeu mais sobre as vontades e manias dos animais – informações de grande valia na aventura de criar as gatas Lucinha e Laurinha, o peixe-beta Sampaio, a vira-lata Glória e Zulu, um labrador incorrigível. Ana Paula é autora de *Almanaque de Harry Potter e outros Bruxos*, também da Panda Books.

Impressão e Acabamento
Com fotolitos fornecidos pelo Editor

EDITORA e GRÁFICA
VIDA & CONSCIÊNCIA

R. Agostinho Gomes, 2312 • Ipiranga • SP
Fonefax: (11) 6161-2739 / 6161-2670
e-mail:grafica@vidaeconsciencia.com.br
site: www.vidaeconsciencia.com.br